VILLE DE RUEIL

EXPOSITION

DU

TRAVAIL & DES BEAUX-ARTS

Sous le patronage de la Municipalité

ET LA

Présidence du Maire, M. le Docteur BOUILLET

PRIX : **25** CENTIMES

PARIS

IMPRIMERIE PAUL DUPONT

4, Rue du Bouloi, 4

1893

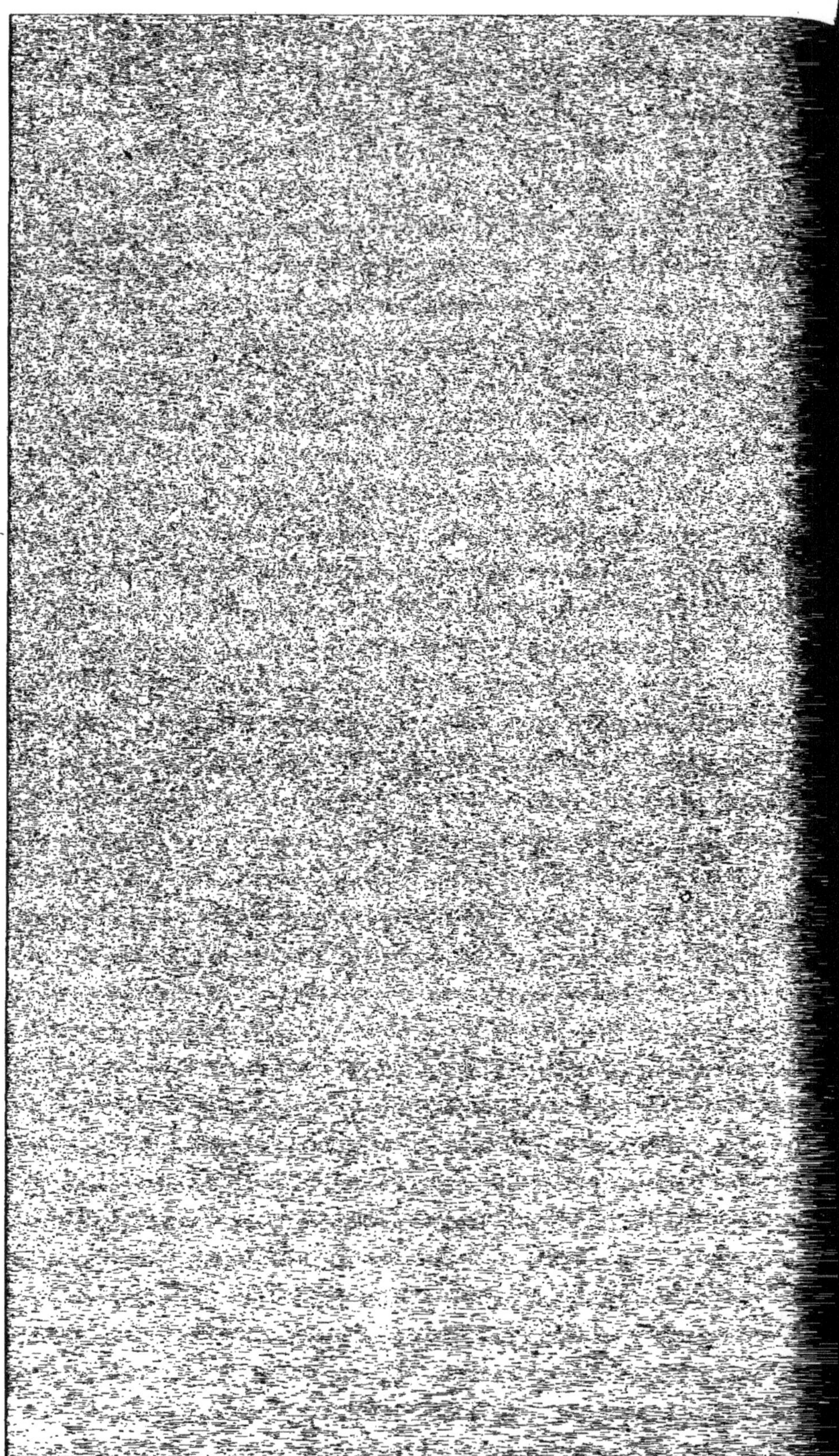

VILLE DE RUEIL

EXPOSITION

DU

TRAVAIL & DES BEAUX-ARTS

Sous le patronage de la Municipalité

ET LA

Présidence du Maire, M. le Docteur BOUILLET

PARIS

IMPRIMERIE PAUL DUPONT

4, Rue du Bouloi, 4

1893

COMMISSION

Président : M. le Docteur BOUILLET, Maire

Vice-Présidents { MM. **Em. BESCHE**, adjoint, président du Syndicat des blanchisseurs.

{ **CACHEUX**, adjoint, ancien commerçant.

MEMBRES :

MM. **Besche**, géomètre.

Filliette, propriétaire.

Magnat, directeur de l'Ecole des Sourds-Muets.

Mantois, maître blanchisseur.

Michel, maraîcher.

Parent, président du Syndicat agricole de Rûeil.

Sarazin, commerçant.

Directeurs :

Rodolphe AUBRY & Désiré ROLLET

PROGRAMME

DIMANCHE 18 JUIN 1893

A 2 heures

OUVERTURE OFFICIELLE. — RÉCEPTIONS

De 4 à 6 heures   **A 7 heures**

CONCERTS. - PROMENADES ‖ BANQUET D'HONNEUR

A 9 heures

FÊTE DE NUIT. — ATTRACTIONS DIVERSES

Tous les Dimanches, de 3 à 6 heures

CONCERTS

A 9 heures du soir

FÊTES DE NUIT & DIVERTISSEMENTS

Les Jeudis et Samedis, de 9 à 11 heures

SOIRÉE MUSICALE

Sous la direction de **M. ROLLET** fils, du Conservatoire

ORDRE DES CONCOURS :

Du 18 au 23 Juin inclus

CONCOURS D'APPAREILS D'HYGIÈNE ET SAUVETAGE

Les 21, 25 et 26 Juin

CONCOURS ALIMENTAIRE & CULINAIRE

Le Jeudi 29 Juin, à 2 heures

LECTURE des PALMARÉS des EXPOSITIONS INDUSTRIELLES

Du 30 Juin au 3 Juillet inclus

GRAND CONCOURS D'AVICULTURE

Du 6 au 10 Juillet inclus

CONCOURS SPÉCIAL D'HORTICULTURE

(Fleurs coupées, Bouquets, Plantes, Primeurs)

Le 10 Juillet (clôture de l'Exposition)

TIRAGE DES TOMBOLAS

Le Mardi 11 Juillet, à 8 heures

BANQUET ET BAL

Éclairage électrique pendant toute la durée de l'Exposition

LISTE DES EXPOSANTS

1re Section. — Horticulture.

1 — RIGAULT, constructeur, à Croisy.
Serre adossée avec portique, milieu. — Serre à fruits et serre hollandaise.

2 — ZANI, 32, rue Grande-Fontaine, à Saint-Germain-en-Laye.
Chauffage de serre à air chaud et eau chaude.

3 — BOURDIER, rocailleur, à Chatou.
Chaumière, chalet rustique, grotte, vasque et travaux en ciment.

4 — MICHEL FRÈRES, maraîchers, à Rueil.
Lot de choux-fleurs.

5 — JACOB, horticulteur, 82, avenue du Chemin-de-Fer, à Rueil.
Nombreux massifs de fleurs variées.

6 — TRUMEAU, cultivateur, 3, rue des Muettes, à Rueil.
Variétés de pommes de terre.

7 — HERRIER (BENOIST), ouvrier jardinier, 2, rue de Suresnes, à Rueil.
Travail artistique.

8 — SERRURE, entrepreneur de serrurerie, 42, rue du Chemin-de-Fer, à Nanterre.
Serres et châssis.

9 LAURENTZ et BRAUN, 11, rue Blomet, à Paris.
Meubles de jardin.

10 — DEBRY (ÉTIENNE), 50, route de la Reine, à Boulogne-sur-Seine.
Terre de bruyère et engrais divers.

11 — LOYZILLON, entrepreneur, 17, rue Maupas, à Rueil.
Serre hollandaise, châssis de couche.

12 — PEERSMANN, 21, rue d'Alsace, à Courbevoie.
Supports, appareils, arrosoirs divers, décrottoir mobile.

13 — ACKERMANN, 15, rue Voltaire, à Paris.
Tuyaux en caoutchouc, toile et cuir, appareils d'arrosage.

14 — ADAM, 69, rue de Saint-Mandé, à Montreuil-sous-Bois.
Chauffage de serre, arrosoirs divers.

15. — F. MURATORI, 56, rue de la Folie-Méricourt, à Paris.
Pulvérisateurs, extincteur, projecteur, humidificateur.

2e Section. — Alimentation.

16 — MILLARD, 41, rue de l'Annonciation, à Paris.
Chocolats et confiserie.

17 — CALMON (FÉLIX), 1, rue des Mouettes, à Rueil.
Lait et boîtes.

18 — GAUTHIER (AUGUSTE), 3, rue de la Mare, à Rueil.
Lait et boîtes.

19 — BADUEL, 5, rue de l'Alma, à Courbevoie.
Lait et boîtes.

20 — BADUEL (FRANÇOIS), 70, route de Paris, à Nanterre.
Lait et boîtes.

3e Section. — Liquides.

21 — BILLEBAULT, restaurateur, 98, avenue de Paris, à Rueil.
Buffet de l'Exposition.

22 — FUERBAC (LOUIS), 46, avenue Marceau, à Courbevoie.
Bière de la Meuse.

23 — MONTAGNE, 12, rue de Passy, à Paris.
Vins nature à champagniser.
24 — BOURDILLAT, 12, avenue de Paris, à Rueil.
Vins et spiritueux.
25 — LINGET, place du Vieux-Marché, Saint-Germain-en-Laye.
Cognacs et vermouth.
26 — ASCHERIC, 5, rue Saulnier, à Puteaux.
Cidre et eau-de-vie de cidre.
27 — LAUDE, rue de l'Eglise, à Puteaux.
Bière du Nord et genièvre.

4e Section. — Industries du bâtiment.

28 — PREVOST (ELIE), 31, rue de Paris, à Courbevoie.
Chauffage de blanchisserie, calorifères de caves.
29 — BIASETTO, 80, avenue de Paris, à Rueil.
Articles de chauffage, faïence.
30 — BERTIER (GUSTAVE), 38, avenue de Paris, à Rueil.
Menuiserie et inventions diverses.
31 — BROCHET (AUGUSTIN), maître carrier à la Folie, à Nanterre.
Pierres et moellons.
32 — CŒURRIER (JULES), rue des Trois-Frères, à Paris.
Meubles de magasin.
33 — BEAUVAIS (LOUIS), 22, rue de Marly, à Rueil.
Echelle à coulisse à arrêt automatique.
34 — FALLET, 23, rue de Bezons, à Courbevoie.
Treuils et mécaniques.
35 — COURTEILLE, carrier, 37, rue de Versailles, à Rueil.
Chaux et pierres.
36 — SERRURE, 42, rue du Chemin-de-Fer, à Nanterre.
Grille d'entrée de l'Exposition, marquise.
37 — QUESNAULT fils, 17, rue Raspail, à Bois-Colombes.
Fermetures automatiques.
38 — LANDSMANN, rue d'Alger, à Saint-Germain-en-Laye.
Ouvrages en marbrerie, fruits en marbre, aquarium.
39 — LOIZILLON, 17, rue Maurepas, à Paris.
Grilles en fer forgé.

5e Section — Habillement.

40 — SIDOINE, chapelier, 1, place de l'Eglise, à Rueil.
Chapellerie pour hommes.
41 — Mme Ve GRILLAUD, avenue Marceau, à Courbevoie.
Costumes pour dames et enfants.
42 — Mlle RICHARD, rue Saint-Pierre à Rueil.
Modes pour dames.

6e Section. — Arts décoratifs.

43 — GOUVENIN (AUGUSTE), rue de l'Hôtel-de-Ville, à Rueil.
Diminutif d'horloge de clocher, horloge Louis XVI.
44 — TAVENAUX (HENRI), 4, rue de l'Hôtel-de-Ville, à Rueil.
Machine à percer et à fraiser.
45 — PARAIN (EUGÈNE), menuisier, 7, rue du Port-au-Vin, à Suresnes.
Cage artistique.
46 — PEROCHE, architecte, à Creil (Oise).
Hôtel-de-Ville de Vernon (Eure).
47 — OSSART, 7, avenue de Nanterre, à Rueil.
Tableaux photographiques au platine.
48 — ZAMBON, 60, rue Emeriau, à Paris.
Dessins et tableaux mosaïque.

49 — Mme Ve GUIMARD, 43, rue Haute, à Rueil.
Ouvrages de charronnage, exécutés par M. Guimard.

50 — Mlle
Ouvrages de broderies et marques.

51 — CHAUVION, 25 bis, rue de Suresnes, à Rueil.
Un fusil Remington au 1/6, petit canon, fusil de chasse sans chiens.

7e Section. — Aviculture.

52 — VOITELLIER, de Mantes, place du Théâtre-Français, à Paris.
Volailles, poulailler, couveuses.

53 — CARREY, à Fourches, près Noisy-Cramaget (Seine-et-Marne).
Poulailler et couveuses.

8e Section. — Hygiène, Sauvetage.

54 — LECUQ, place de la Défense, à Puteaux.
Charbons de terre, anthracite.

55 — JOLLET, 51, route de Cherbourg, à Nanterre.
Appareils de sauvetage pour incendie.

56 — GILLET fils, place de la Fête, à Nanterre.
Appareils de sauvetage pour incendie.

57 — BOUDRAIS, à Chatou.
Sauvetage pour noyés.

58 — BARD, vétérinaire, rue des Bois, à Rueil.
Ferrures diverses.

59 — PARIN, rond-point de Saint-Cloud, à Boulogne.
Tubes en caoutchouc pour feuillures de croisées.

9e Section. — Pédagogie.

60 — LES ÉCOLES COMMUNALES de Rueil.
Travaux des élèves.

61 — MAYBON, professeur, 78, rue de Courcelles, à Levallois-Perret.
Manuscrits ornés d'enluminures des poëtes contemporains.

62 — CARELLON (Jules), instituteur à Argiesans, près Belfort (Haut-Rhin français).
Enseignement de l'agriculture et de l'horticulture.

63 — PIERRE, instituteur, 8, rue Rivay, à Levallois-Perret.
Photographie de projections pour études.

10e Section. — Industries diverses.

64 — PUTZ (Henri), rue du Vieux-Pont, à Rueil.
Produits chimiques, photographie.

65 — PASSA (Edouard), 6, rue Saint-Pierre, à Rueil.
Machines à coudre et vélocipèdes.

66 — LACHESNAY (Henri), 3, boulevard du Gué, à Rueil.
Pompes à syphons.

67 — MABILLE (A.), 39, boulevard du Temple, à Paris.
Bijouterie de fantaisie, articles de Paris.

68 — LECUCQ, rond-point de la Défense, à Puteaux.
Kiosque à musique.

69 — THURET (Félix), rue de l'Hôtel-de-Ville, à Rueil.
Papeterie et imprimerie.

70 — BLANC (Marcellin) 38, rue des Rigoles, à Paris.
Allumoir électrique.

71 — OSSART, 7, avenue de Nanterre, à Rueil.
Panneaux de photographie.

72 — EDART fils, rue Poireau, 52, à Puteaux.
Travaux de tonnellerie.
73 — MOULIN et Cie, 52, rue du Faubourg-Montmartre, à Paris.
Tapis et jeux divers.
74 — THIBERGE et THIREL, 28, avenue de la Défense, à Courbevoie.
Voitures et charronnage.
75 — POMAY, 4, rue des Petits-Champs, à Rueil.
Meuble.
76 — KANDROWSKI, 74, rue de Clichy, à Paris.
Trois pianos.
77 — LE BON MARCHÉ MUSICAL, 74, rue de Clichy, à Paris.
Instruments de musique, cuivre et bois.
78 — HEIL (Jean), 27, boulevard Victor-Hugo, à Clichy.
Objets d'optique.
79 — ONELER, 97, rue du Ruisseau, à Paris.
Vannerie artistique.
80 — Mme Ve DIENST, 3, rue de l'Exposition, à Paris.
Fleurs artificielles, vannerie.
81 — COMPAGNIE GÉNÉRALE DES EAUX DE SOURCE, Siège
social : 12 rue du Havre, à Paris.
Eau de Liancourt, garantie pure et naturelle.
Eau de Liancourt, gazeuse.
82 — TROUSSARD, 54, rue des Bois, à Rueil.
Lait et boîtes.
83 — POUDEROUX, Place Richelieu, à Rueil.
Lait et boîtes.
84 — BARRAU (Jean), 21, rue des Bourets, à Suresnes.
Tableau de maréchalerie.
85 — LEFEVRE, 79, boulevard Montparnasse, à Paris.
Poudre insecticide et engrais liquide.
86 — VERGÉ, 11, rue Philippe-de-Girard, à Paris.
Banquettes-glacières.
87 — GENDRON, rue de Poissy, à Saint-Germain-en-Laye.
Enseignes, Tableaux.
88 — MONVOISIN, rue Saint-Pierre, à Saint-Germain-en-Laye.
Table à bascule.

CHAUFFAGE — VENTILATION

L. BIASETTO

Entrepreneur de Fumisterie

Magasin de Vente : 80, Avenue de Paris - RUEIL

Atelier de construction — Fabrique de Tôlerie
Calorifères de cave — Fourneaux de cuisine de construction
et portatifs — Poêles de faïence de tous Systèmes
Cheminées a bouches de chaleur et Appareils divers — Chauffage
de Bains par le fourneau de cuisine
Revêtement en faïence pour Vestibule, Salles de Bains
et Décoration extérieure — Chauffage de Serres et Jardins
d'hiver par circulation d'eau ou air saturé
Chauffage industriel — Séchoir pour Blanchisserie

ENTRETIEN — RÉPARATION

ENTREPOT DE BIÈRES

F. LOUIS

48, Avenue MARCEAU

COURBEVOIE

Bière du Nord et de table

LIVRAISON A DOMICILE EN FUTS OU EN BOUTEILLES

Spécialité de Bière de Nourrice

Gustave BERTHIER

Entrepreneur de Menuiserie

38, Avenue de Paris, à RUEIL

BOIS DE SCIAGE — PARQUETS CHÊNE & SAPIN

FABRIQUE DE BOIS DÉCOUPÉS

CHARPENTE BOIS & FER

Porte à Coulisse Système BERTHIER

SCIERIE A VAPEUR ET MACHINES-OUTILS

P. POMAY

TAPISSIER

FABRICANT DE MEUBLES

4, Rue des Petits-Champs

RUEIL (Seine-et-Oise)

VENTE ET ACHAT

Vernissage et Réparations en tous genres

AGENCEMENT DE MAGASINS

PRIX MODÉRÉS

PIERRES & MOELLONS

AUGUSTIN BROCHET

MARCHAND-CARRIER

A LA FOLIE-NANTERRE

(SEINE)

Ancienne Maison GERMONT-IVORE

FONDÉE EN 1810

Horlogerie, Bijouterie, Orfèvrerie,
Lunetterie, Pendules, Tableaux,
Réveils, Bornes en Marbre,
Pendules de Voyage, Boîtes
à Musique, Bronzes d'Art,
Candélabres, Coupes.

A. GOUVENIN, Succr

ATELIER

spécial de réparations en
tous genres, telles que : Chrono-
graphes, Chronomètres ordinaires
et de Marine, Répétitions, Secondes
indépendantes, Quantièmes, Régulateurs,
Podomètres et Spécialité de réfections de
Pendules anciennes.

4, rue de l'Hôtel-de-Ville, RUEIL (Seine-et-Oise).

MAISON DE CONFIANCE FONDÉE EN 1866

60, Rue Émeriau, 60 — PARIS

près le Pont de Grenelle

Ci-devant, 49, Avenue de Ségur

Vnt ZAMBON Ncr

MAITRE MOSAÏSTE

*Membre de l'Académie Nationale
de la Société du Repos du Dimanche dans l'industrie du Bâtiment
et de plusieurs Sociétés savantes*

ENTREPRENEUR DE TRAVAUX PUBLICS ET PARTICULIERS

Mosaïste : du Ministère de la Guerre, du Théâtre de l'Odéon, de l'Ambigu, de Montparnasse, des Compagnies de Chemins de fer de Lyon et d'Orléans, du Monument de Champigny, du Couvent de Monsoult, de la Souterraine, Chapelle des Oblats, Cathédrale de Poitiers, Église Saint-Julien-l'Ars, Église de Viarmes, Mairies de Pantin, de Bobigny, d'Alfortville, de Charenton, des Écoles de Langues Orientales Vivantes, des Écoles Professionnelles de Rouen, Collège de Melun, Lycée Michelet, Écoles de Chatou, Château de Bois-Gérôme, Saint-Ouen, de Villiers-au-Bois, de Ressons-sur-Matz, de Vémars, de Fromont, de Laurenceau, de la Ronche, de la Malmaison, de la Grève, de Mitry, d'Esmans, de Voiron, de Marly, de Marmousse, de Solterre, de la Croix, de la Morissière, de Maygret, de Jobe, de Talabot, du Château du Nozet, de la Boissière, de la Galerie du Passage du Ponceau (Boulevard Sébastopol), du Cercle militaire, de plusieurs Communautés Religieuses, Grande quantité d'hôtels particuliers, etc., etc.

FALLET JEUNE
23 – Rue de Bezons 23 – à Courbevoie

ENTREPRENEUR DE SERRURERIE
ET
MÉCANIQUE

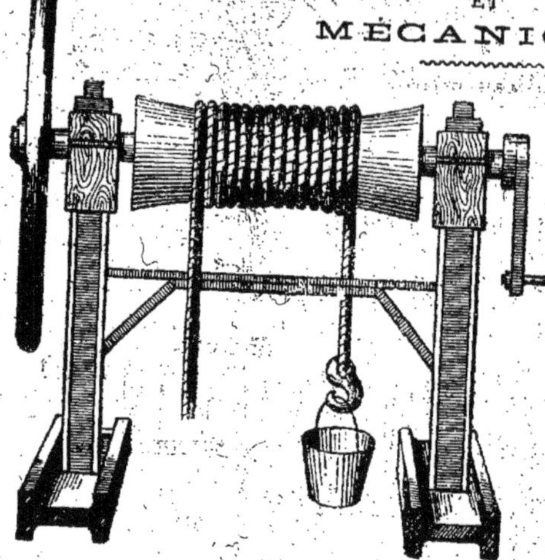

Fabriçant de **treuils** perfectionnés en tous genres pour Entrepreneurs de Maçonnerie, Puisatiers et pour les puits.

Fabricant de **moules** en fer pour carreaux de plâtre en tous genres.

SEAUX galvanisés depuis. **2 50**

AUGES en tôle galvanisée depuis. . . **5 fr.**

AMEUBLEMENTS POUR PARCS & JARDINS
CHAISES, FAUTEUILS, BANCS EN FER & FER & BOIS

Peinture et Vernissage au Four

RÉPARATIONS EN TOUS GENRES
Tables et Guéridons en tous Genres

LORENTZ & BRAUN
BREVETÉS S. G. D. G.
MAISON DE COMMISSION

Serres, Vérandas, Grilles, Marquises, Jardins d'Hiver
KIOSQUES, VOLIÈRES, POULAILLERS, GRILLAGES
CHASSIS DE COUCHE, BORDURES DE GAZON

Manufacture de Lits
SOMMIERS AVEC RESSORTS A LAMES D'ACIER

11, Rue Blomet, 11
PARIS

MAISON LINGET

Place du Marché

SAINT-GERMAIN-EN-LAYE

ÉPICERIE — DENRÉES COLONIALES

VINS — LIQUEURS

ET ALIMENTATION DE 1ᵉʳ CHOIX

DÉPOSITAIRE DES PRODUITS

DE LA

Maison ROZET & Cⁱᵉ de COGNAC

GROS — DEMI-GROS — DÉTAIL

La Caisse de 12 bouteilles

	★	★★	★★★	★★★★	V. S.	V.S.O.
Sans droits............	23 »	28 »	34 »	40 »	52 »	70 »
Avec droits........	32 »	37 »	43 »	49 »	61 »	79 »
La bouteille..........	3 »	4 »	5 »	6 »	7 »	8 »

VERMUTH CHAMBÉRY

La caisse de 12 litres . . . .   15 fr. »

Le litre . . . .   1 fr. 75

CHASSIS A TABATIÈRES PERFECTIONNÉS

Ancienne Maison LEPERCHE Jeune

H. SERRURE Succʳ

ENTREPRENEUR DE SERRURERIE

NANTERRE — 42, Rue du Chemin de fer, 42 — NANTERRE

(SEINE)

GRILLES ANCIENNES ET MODERNES | SONNETTES ÉLECTRIQUES ET ORDINAIRES

**Rampes, Ponts,
Balcons, Marquises, Volières
Vérandas et Bâches**

**Projets et Études
de travaux de Serrurerie d'art
et de Construction métallique**

JARDINS D'HIVER & ARTICLES DE JARDINS

SERRES CHAUDES ET TEMPÉRÉES

Grand Assortiment de Châssis faits à l'avance

MONTAGNE

12, RUE DE PASSY, 12

PARIS

VINS FINS & SPIRITUEUX

SPÉCIALITÉS DE VINS NATURE ET CHAMPAGNISÉS

Produits alimentaires

BEURRE — FROMAGES

3 Médailles d'Or, Boulogne, Paris, Courbevoie

CARRIÈRES & FOURS A CHAUX DE RUEIL

(Seine-et-Oise)

37, RUE DE VERSAILLES, 37

H. COURTEILLE

Chaux grasse et Hydraulique

MARQUE **H. C.**

MOELLONS ET CIMENTS

OCRE DE BOURGOGNE

ENTREPRISE DE MARBRERIE ET DE MONUMENTS FUNÈBRES

CH. LANDSMANN

Magasin : 6, rue d'Alger. — Chantier : 33, rue d'Hennemont

SAINT-GERMAIN

Spécialité de Travaux d'art en Marbrerie, Sculpture
Gravure sur Pierre et sur Marbre

Réparation d'Objets d'art

Grand assortiment de Cheminées artistiques
et commerciales

Carrelage en tous genres

Imitation parfaite de Fruits divers sculptés en Marbre

Dans le nouveau modèle l'amorçage se fait par *la bouche* de la
même manière que dans les primitives, mais au lieu que l'aspiration
de l'air contenu dans la pompe *ait lieu par le bas*, cette aspiration *a
lieu par le haut*, ce qui évite toute projection dans le tube d'aspiration,
l'arrivée du liquide dans ce tube n'ayant lieu que quand la pompe est
complètement amorcée.

LES JARDINS DE L'EXPOSITION

TRACÉS ET EXÉCUTÉS PAR

M. JACOB

HORTICULTEUR

82, Avenue du Chemin-de-Fer, à RUEIL

EXPOSITION DE M. JACOB :

Amaranthes — Bégonias
Bulbens, diverses variétés — Dahlias
Géraniums — Massifs divers.

ÉCLAIRAGE ÉLECTRIQUE

Par la Compagnie des Tramways à vapeur
de Paris à Saint-Germain

INSTALLATION FAITE PAR

M. LAURENT

ÉLECTRICIEN

32, rue Maurepas, à RUEIL.

MOTEUR A GAZ

DE HUIT CHEVAUX

DE LA

MAISON ROGER

52, rue des Dames, PARIS-BATIGNOLLES.

32, RUE GRANDE-FONTAINE, A SAINT-GERMAIN-EN-LAYE

MÉDAILLE A L'EXPOSITION UNIVERSELLE PARIS 1878

Médaille d'argent Exposition Universelle Paris 1889

87 Médailles
Or, Vermeil, Argent, Bronze

MÉDAILLES D'ARGENT
Exposition universelle 1872
(PARIS)

Exposition universelle
DE LYON (1872)

7 Brevets
D'INVENTION
et de perfectionnement
s. g. d. g.

DIPLOME DE MÉRITE
à l'Exposition universelle
de VIENNE
(AUTRICHE) 1873

ANCIENNE MAISON GUBETTA

ZANI

SUCCESSEUR

ENTREPRENEUR DE FUMISTERIE

CHAUFFAGE & VENTILATION

Fournisseur du Génie militaire (place de Saint-Germain)
de la grande Chancellerie de la Légion d'honneur (maison des Loges)
du Jardin Zoologique d'Acclimatation de Paris (Bois de Boulogne)

Fabrique spéciale d'un **Appareil thermosiphon, nouveau système**
à eau chaude et à vapeur (*Breveté s. g. d. g.*), **pour le chauffage
des Serres, Jardins d'hiver, Orangeries, Bâches, etc. —** *Plus*
d'explosions.

TOUT CONTREFACTEUR SERA POURSUIVI SELON LA LOI

Maison de Fumisterie, Chauffage et Ventilation

ANCIENNE MAISON LANGLOIS

A PARIS, 258, rue du Faubourg-Saint-Martin

ZANI Fils, ingénieur civil, successeur

Ancien Élève de l'École centrale des Arts et Manufactures

CHAUDRONNERIE FER & CUIVRE

ODAM

69, rue de Saint-Mandé, à Montreuil-sous-Bois

HYDROTHÉRAPIE	APPAREILS POUR DISTILLATEURS
BAIGNOIRES CUIVRE ET ZINC	CONFISEURS
FOURREAU DE POMPE, &	TEINTURERIES, ETC.

Installation d'usines à vapeur

MONTAGE DE BAINS ET LAVOIRS

CHAUFFAGE À DOUBLE SURFACE DE CHAUFFE

SYSTÈME BREVETÉ S. G. D. G.

SELFACTING

APPAREIL DISPERSEUR DE TOUS LIQUIDES

A POMPE ADHÉRENTE AU RÉSERVOIR

APPLICABLE COMME :

PULVÉRISATEUR à grand travail,
EXTINCTEUR en cas d'incendies,
PROJECTEUR de fixatifs ou de désinfectants,
HUMIDIFICATEUR d'ateliers.

Système F. MURATORI, breveté S. G. D. G.

CONSTRUCTEUR

Rue de la Folie-Méricourt, 26, Paris.

CONSTRUCTION D'APPAREILS DE CHAUFFAGE

ÉLIE PREVOST

ENTREPRENEUR DE FUMISTERIE
(Breveté S. G. D. G.)

MAISON DE VENTE ET ATELIERS :
RUE DE PARIS, 31
COURBEVOIE

NOUVEAU SYSTÈME DE CALORIFÈRE
à circulation d'air et combustion continue

POUR

BUREAUX, ÉCOLES, HOPITAUX, HOTELS
COMMUNAUTÉS
ÉGLISES, CHATEAUX, USINES, SÉCHOIRS

MILLARD

41, rue de l'Annonciation, 41
PARIS-PASSY

CHOCOLATS, THÉS, CAFÉS

CONFISERIE FINE

Comestibles de 1er choix

VINS FINS, LIQUEURS, COGNACS

ET

RHUMS DES 1res MARQUES

Paris. — Imp. PAUL DUPONT, 4, rue du Bouloi, (Cl.) 532.6.93